AF324444

# LETTRE

A

## MESSIEURS LES MEMBRES

DU

## CONSEIL GÉNÉRAL

Monsieur le Conseiller général,

Par arrêté de M. le Préfet, du 5 décembre dernier, j'ai été admis *d'office* à faire valoir mes droits à la retraite, et le Conseil général doit être appelé à statuer sur la liquidation de ma pension. Je crois devoir rechercher pourquoi j'ai été l'objet d'une mesure qui m'a paru rigoureuse et imméritée.

Cette mesure est, en effet, rigoureuse. Prise pour ainsi dire subitement, elle me chasse de l'administration après trente-neuf ans de services, laissant à ma charge un loyer de maison encore assez long. Prise prématurément, elle me cause encore un préjudice, en m'empêchant d'atteindre le maximum de la retraite, que je pouvais obtenir en 1879 (*V.* note A). En outre, ma mise à la retraite, à partir du 1er septembre 1878, me met, depuis cette date, dans une position relativement précaire ; je n'ai pas, en effet, touché un centime, ce qui s'explique jusqu'à un certain point par l'état de la caisse des pensions (*V.* note B).

Cette situation m'a paru d'autant plus dure, que certains de mes collègues, dont je n'ai pas à discuter les mérites, m'ont semblé plus favorisés. C'est ainsi que M. Léopold Grange, quoique en congé et remplacé par un intérimaire payé, n'a subi aucune retenue, et M. Grange, l'agent voyer en chef, s'est trouvé pourvu de plusieurs mandats par mois.

Le Conseil général, qui m'a vu au travail depuis si longtemps, saura dans quelles circonstances et trouvera peut-être pour quels motifs réels j'ai dû subir une situation aussi inégale.

A la fin de 1877, j'ai eu le malheur de perdre ma femme, et moins d'un an après, le 19 août 1878, a succombé à une maladie longue et cruelle une orpheline que j'avais élevée comme ma fille, et dont j'avais été le tuteur. Cette maladie m'obligea à de fréquentes absences de Poitiers ; néanmoins j'avais pu fournir au Conseil d'arrondissement tous mes rapports et renseignements, réglé ma comptabilité, et fait au 1er août toutes mes émissions de l'année 1878. En un mot, mon service avait si peu souffert, que je n'avais reçu à cet égard aucune lettre de rappel jusqu'au mois de juillet. A ce moment (le 19), j'avais fait une demande d'un congé d'un mois (à laquelle je n'ai point reçu de réponse), mais en même temps un avis de M. l'agent voyer en chef me pria de demander ma retraite, en m'annonçant qu'en cas de négative, elle me serait imposée.

D'une audience que M. le Préfet m'accorda au commencement d'août, je crus alors qu'il résultait ceci : 1º qu'on m'accorderait un congé ; 2º que je pourrais ultérieurement reprendre mon service ; 3º que je resterais sur l'état du personnel ; 4º que je m'engageais à demander ma retraite plus tard, c'est-à-dire, quand j'en aurais atteint le maximum.

J'appris, au commencement de septembre, par les journaux, que M. Bains *était nommé agent voyer de l'arrondissement de Poitiers* (textuel), et j'eus alors seulement connaissance d'un arrêté en date du 8 août 1878, ainsi conçu :

« Art. 1er. — M. Tartarin, etc., est mis, *sur sa demande*, en congé illimité *et sans solde*, à partir de la fin du présent mois. »

Sur la foi de cet arrêté qui, m'accordant un congé, semblait me laisser tous mes droits, tout en indiquant que j'étais *sans solde sur ma demande* (ce qui serait difficile à croire), je cherchai bientôt à reprendre mon service et à mettre ainsi un terme à ce congé *illimité.* Les démarches que je fis auprès de M. le Préfet et celles que firent, dans mon intérêt, des personnes auxquelles je suis reconnaissant de leurs tentatives, furent vaines. Ou plutôt elles n'aboutirent qu'à ma mise à la retraite d'office, par l'arrêté déjà cité, faisant remonter, il est vrai, mes droits au 1er septembre dernier.

Cet arrêté n'étant pas motivé, j'ai donc à en rechercher les motifs. Probablement, il n'est point fondé sur mon âge de 60 ans, car M. Bourdon, qui comble le vide produit par ma retraite, en a 63 (né le 10 septembre 1815), et M. Martineau 61 (né le 14 décembre 1817).

Ce n'est pas non plus parce que les emplois d'agent voyer sont rares et inférieurs au nombre des candidats. En effet, le 25 novembre un concours est ouvert pour quatre places vacantes, et, dans son rapport (page CCVII, du mois d'août 1878), M. l'agent voyer en chef reconnaît que *le recrutement des agents voyers devient difficile.*

Peut-être me reprochera-t-on une attitude de résistance à certaines injonctions, à des époques plus ou moins éloignées.

Je répondrai, preuves en main, que les faits dont il s'agissait étaient étrangers au service, ou me paraissaient assez irréguliers pour pouvoir m'y refuser.

Il est vrai qu'en 1874, M. Grange sollicita de moi, avec autorité et instances, ma souscription aux actions des *Carrières du Poitou*; mais, si j'ai refusé, ce n'était pas pour des motifs de politique (de laquelle je me suis toujours tenu à l'écart), mais bien : 1° parce que je n'avais pas de fonds disponibles ; 2⁰ parce que le placement ne me paraissait pas avantageux.

Il est vrai que j'ai mis quelque résistance à signer les états sur lesquels on faisait payer sur les fonds vicinaux des employés étrangers au service.

Il est vrai que j'ai critiqué le marché de gré à gré du Pont de Danlot, dont j'aurais préféré la mise en adjudication.

Il est vrai que j'ai refusé de rédiger l'état sur un mémoire de 6,000 francs, concernant le chemin n⁰ 51, fait au nom d'un industriel du département. J'ai indiqué par écrit à M. Grange les motifs de ce refus.

Il est vrai que j'ai refusé de signer un décompte de l'entrepreneur du pont de Bonnes, concernant les abords, montant à la somme de 65,472 fr. 28 c., alors que le marché passé (de gré à gré) le 22 mars 1876 ne s'élevait qu'à 13,687 fr. 99 c., et que j'avais été, quoique agent voyer de l'arrondissement, toujours étranger aux travaux de ce pont. (*V.* note C : *Ce que coûte le Pont de Bonnes.*)

Je le répète, ces actes ne me paraissaient pas réguliers.

Quel serait donc le motif qui m'aurait fait écarter de l'administration d'une façon aussi précipitée? On allègue les absences que j'ai pu faire durant la maladie de ma femme et de ma nièce en 1877-1878, et on présente ma mise à la retraite comme une véritable peine appliquée à des infrac-

tions de ce genre. Je m'en plains pour plusieurs
motifs :

1° M. l'agent voyer en chef m'avait toléré deux
jours par semaine, pendant lesquels je pouvais
travailler chez moi, quand le service ne s'y oppo-
sait pas. Cette tolérance n'a rien d'excessif dans
un arrondissement où les agents voyers cantou-
naux ne sont pas tenus à la résidence au chef-
lieu de canton (ce qui, soi-dit en passant, m'a
toujours paru un obstacle à une surveillance effi-
cace).

2° La mesure qui m'a atteint est préjudiciable
à l'administration, puisqu'elle la prive d'un de ses
agents voyers, *dont le recrutement est si difficile.*
Elle augmente ses charges, puisque la caisse des
retraites se trouve dépourvue.

3° Elle me semble grave et disproportionnée, en
m'ôtant les moyens d'atteindre le maximum de
retraite ; en permettant au public d'avoir certains
doutes sur mon honorabilité ou ma délicatesse.

4° Elle m'a l'air d'avoir été préméditée, ou tout
au moins d'avoir été attendue avec impatience,
si j'en crois certains propos tenus au temps où
M. l'agent voyer en chef était vice-président du
*Cercle industriel.*

Je crains enfin qu'en sollicitant de M. le préfet
ma disgrâce, M. Grange n'ait pas mis dans la
balance les titres que je pouvais avoir aux égards
ou tout au moins à l'indulgence de l'administration, savoir : trois pénibles années passées dans

le cadastre avant l'organisation des agents voyers dans la Vienne ; mes longs services dans les chemins vicinaux ; une activité et un zèle constants, qui seraient attestés au besoin par tous les maires et par tous les agents voyers qui m'ont connu ; ma comptabilité toujours régulière ; une exactitude minutieuse apportée soit dans mes travaux, soit dans les renseignements que je fournissais (V. note D) ; le travail et la charge d'à peu près tout l'arrondissement pendant l'année 1870-1871, tandis que mes collègues plus jeunes étaient les uns dans l'armée, les autres dans l'administration militaire, à Biard, au camp de la Rochelle, ou ailleurs ; *l'intérim du canton de Vouillé, cumulé avec mon service, du 25 octobre 1875 au 11 avril 1876, dont j'attends encore la rénumération promise ;* enfin le concours apporté maintes fois au travail de mes collègues malades ou empêchés, et spécialement d'un agent voyer de canton dont l'insuffisance m'a souvent mis dans l'embarras (1).

Voilà, Monsieur le Conseiller général, ce que j'ai pu considérer comme des droits acquis. Je vous serai reconnaissant de vouloir bien en tenir compte quand vous serez appelé à statuer sur la liquidation de mes droits, dans le cas où il serait impossible de me faire réintégrer dans mon emploi, ou tout au moins de me maintenir sur l'état

---

(1) Heureusement cet employé a été dégrevé d'une partie de son travail, par suite de la création d'une nouvelle place à Poitiers, par le même arrêté qui m'éloignait de l'administration.

du personnel, jusqu'au jour où j'atteindrais le maximum de ma pension.

J'ai l'honneur d'être, Monsieur le Conseiller général, votre très-humble serviteur.

**S. TARTARIN,**

Ancien agent voyer d'arrondissement.

# NOTES

—

A. — La pension de retraite est liquidée sur la moyenne des trois dernières années. Or mon traitement a été porté à 2,900 au 1er janvier 1877. Mes trois dernières années se décomposent donc ainsi :

| | |
|---|---:|
| Du 1er septembre 1875 au 1er janvier 1876, soit 4 mois, à 2,700 | 900 |
| Du 1er janvier 1876 au 1er janvier 1877. . . . . . . . . | 2,700 |
| Du 1er id. 1877 id. 1878. . . . . . . . . | 2,900 |
| Du 1er id. 1878 au 1er septembre 1878. . . . . . . | 1,933 |
| | 8,433 |
| Dont la moyenne est de. . . . . . . | 2,811 |
| Les 2/3 de 2,900 sont de. . . . 1,933 | |
| Les 2/3 de 2,811. . . . . . . 1,874 | |
| Différence. . . . . 59 | |

### B. — Caisse des retraites.

| | |
|---|---:|
| Cette caisse s'élève en totalité à la somme de. . . . . . . | 19,160 |
| Quatorze pensionnaires touchent annuellement. . . . . . | 18,599 |
| Reste disponible. . . . . . . . | 561 |

(Procès-verbal du Conseil général, session d'août 1878, page 79.)

### C. — CE QUE COUTE LE PONT DE BONNES.

En 1873, M. Grange fait l'exposé suivant : Les dépenses du Pont de Bonnes s'élèvent à 80,000 fr.

|                                |        |
| ------------------------------ | ------ |
| La Société fait.               | 70,000 |
| La Commune.                    | 5,000  |
| Subvention départementale.     | 5,000  |
|                                | 80,000 |

Le pont est adjugé, en 1875, à M. Caillaud, à 0,08 de rabais.

Le 23 mars 1876, sur la proposition de M. Grange, est passé un marché de gré à gré avec le même entrepreneur pour les abords du pont, montant à 13,687 fr. 99 c.

A la session d'août 1876 (page 72 du procès-verbal), il est dit : « Les travaux du Pont de Bonnes sur la Vienne sont menés avec la plus grande activité, et seront terminés à la fin de l'année. Il y a lieu de commencer dès à présent les terrassements de la levée aux abords du Pont, dont la dépense est évaluée approximativement à 25,000 fr. Deux crédits s'élevant à 13,000 fr. ayant déjà été accordés en faveur de ce travail, je vous propose une nouvelle allocation de 7,000 fr. à votre budget de 1877. »

Session de 1877, page 63 :

« La construction du Pont de Bonnes sur la Vienne va donner au chemin n° 59 une grande importance. Les travaux sont complétement achevés, et leur réception provisoire a eu lieu le 13 octobre 1877 (1).

» Par arrêté en date du 19 du même mois, approuvé le 20 par M. le Ministre de l'Intérieur, j'ai autorisé l'ouverture du Pont. La construction de la levée marche

---

(1) Fêtes publiques ce jour-là à Bonnes.

rapidement; trois crédits s'élevant à 20,000 fr. ont déjà été accordés. La dépense excédant sensiblement ce chiffre, je vous prie de vouloir bien faire allouer un quatrième crédit de 6,000 fr. »

A la session d'août 1878, page CXCIV : « Les terrassements aux abords du Pont de Bonnes sont finis, mais non soldés. » On omet d'ajouter que le décompte s'élève à 65,472 fr. 28.

### ÉTAT RÉSUMÉ DES FONDS ACCORDÉS

| | | |
|---|---:|---:|
| 1873. — Page 508 du Procès-verbal. | | 3.000 » |
| 1873. — Session d'août : subvention pour le pont. | 5.000 » | |
| 1874. — Page 212. | | 6.000 » |
| 1874. — Page 669 : pour le pont. | 5.000 » | |
| 1875. — Page 397. | | 7.000 » |
| 1876. — Page 72. | | 7.000 » |
| 1877. — Page 63. | | 6.000 » |
| 1878. — Avril : indemnité à l'entrepreneur. | 4.800 » | |
| 1878. — Août : page 206. | | 6.500 » |
| 1878. — Page 257. | | 1.000 » |
| | 14.800 » | 36.500 » |
| | | 14.800 » |
| Total. | | 51.300 » |

Le corps du pont, dont la dépense était primitivement de 80,000 fr., a dépassé le chiffre de 100,000 fr. ; les terrassements et abords, portés pour 13,687 fr. 99, ont donné lieu à un décompte de 65,472 fr. 28. En ajoutant les deux crédits demandés en 1878 (7,500 fr.), on trouve que le montant des travaux a jusqu'ici dépassé les prévisions des marchés de plus de 79,289 fr.

---

D. — L'exactitude dans les renseignements fournis n'expose pas l'Administration à tomber dans des erreurs comme celle-ci :

Dans le procès-verbal de la Session d'août 1878, on lit

à la page 163 : « Les communes de Mignaloux, Savigny,
» Tercé et Saint-Martin-la-Rivière vous demandent le
» classement en chemin d'intérêt commun du chemin
» vicinal ordinaire de Poitiers à Bonneuil.....

» Votre Commission considérant :

» *Que ce chemin est terminé ;*

» *Que la circulation* qui s'effectue sur son parcours est
» des plus importantes, par suite de l'exploitation des
» carrières de Tercé et de *celles de la vallée de la*
» *Vienne*, etc... »

Les personnes qui ont vu ce chemin peuvent témoigner
qu'il est loin d'être *terminé*, surtout dans les communes
de Tercé et Saint-Martin-la-Rivière, où existe une lacune
considérable : aucune voiture n'y a circulé jusqu'ici.

De telles erreurs sont faciles à faire, si l'on s'appuie sur
les tableaux qui, pour cette commune, ont été quelque-
fois fournis, à fin d'année, pour servir de base aux statis-
tiques du Conseil général et du Ministère. Ceux qui,
comme je l'ai fait, mesureraient les chemins existants à
Saint-Martin-la-Rivière, trouveraient quelques écarts
assez considérables entre les longueurs faites et les
longueurs accusées. J'aime à croire qu'il n'existe aucune
relation entre ces erreurs et les mises en régies fort irré-
gulières qui ont eu lieu à différentes reprises dans cette
commune. Du reste, l'agent voyer, qui a toujours été
directeur de ces régies, a obtenu de l'avancement le jour
où j'ai été mis en congé sans solde.

www.ingramcontent.com/pod-product-compliance
Lightning Source LLC
LaVergne TN
LVHW010300060726
842527LV00007B/2794